Ulrich Peters

Vom vierten König

Eine alte Legende neu erzählt

Illustriert mit Bildern von Barbara Trapp

Als Jesus geboren wurde, verkündete ein Stern, wie man noch keinen gesehen hatte, dass etwas ganz besonderes geschehen und der König aller Könige zur Welt kommen sollte. Dieser Stern, unter dem die Nacht leuchtete wie der Tag, war weithin auf der Welt sichtbar, aber nicht viele vermochten seine wahre Bedeutung zu erkennen.

An jenem Abend schaute ein kleiner König in einem fernen Land gedankenverloren aus dem Fenster seines Schlosses. Der Himmel lag klar und mit samtener Schwärze über der kalten, weiß verschneiten Welt. Aber woher kam dieses eigentümliche Licht, warum leuchtete diese Nacht so? Zunächst mochte der kleine König nicht glauben, was er da sah. Dann jedoch gewahrte er den hell leuchtenden Stern am Horizont. Einen Stern? Eigentlich war es mehr als das. Dem kleinen König schien es, als habe der Stern noch einen Schweif, eine Bahn aus Licht, die er hinter sich her zog und in der tausende und abertausende staubgroße Sterne funkelten.

Es durchschauerte ihn. War dies das Sternenbild, das die Weisen vergangener und beinahe vergessener Zeiten verheißen hatten? War das der gute Stern, unter dem eine neue Zeit anbrechen sollte? Würde dieses vielversprechende Funkeln die Welt in ein neues Licht tauchen und – wie es hieß – Segen, Glück und Gelingen auf alles Leben legen?

Der kleine König rief seinen gesamten Hofstaat zusammen. „Wenn es stimmt und die Zeit da ist, dass der

König aller Könige zur Welt kommt, dann möchte ich ihn als einer der Ersten willkommen heißen und ihm meine Dienste anbieten." Mit diesen Worten hieß er seine Diener alles für eine längere Reise vorzubereiten – während er selbst darüber nachsann, welches Begrüßungsgeschenk er dem König aller Könige wohl würde machen können. Weil ihm aber nichts von alledem, was er besaß, wirklich angemessen erschien, entschied er sich schließlich dafür, dem neuen König seine Kronjuwelen zum Geschenk zu machen.

Diese Juwelen – drei Edelsteine von seltener Größe und einer Reinheit und einem glühenden Leuchten, wie sie kaum je einer zu Gesicht bekommen hatte – waren seit Menschengedenken in die Krone seines Reiches eingelassen. Sie gehörten ihm eigentlich nicht, sie waren ihm nur geliehen. Seit Generationen wurden sie als Zeichen der Macht und der königlichen Würde von einem Herrscher an den nächsten weitervererbt. Aber obwohl dies so war, war der kleine König ganz sicher, richtig zu handeln. Kurz entschlossen brach er die Steine aus der Krone und legte den Schatz behutsam in ein Säckchen, das er in seinem Gewand verbarg, damit die kostbare Gabe während der Reise auf gar keinen Fall verloren gehen möchte.

So machte er sich auf den Weg, ein kleiner König mit einem großen Vorhaben. Wenig später schon sah er sich in seinem Aufbruch bestätigt. Nach einigen Tagen nämlich traf er an einer Herberge auf die Karawane dreier vornehmer Männer aus dem Morgenland, Könige wie er, die ebenfalls den Stern gesehen und seine Botschaft verstanden hatten.

Die drei Männer waren nicht nur von beeindruckender Klugheit und verfügten über großen Reichtum an Geist und Gütern. Sie waren offenbar von ebensolcher Freigebigkeit. Sie führten nicht weniger als die wertvollsten Gaben ihrer Länder mit, um sie dem neugeborenen König der Könige zu schenken: kostbares Gold, köstlich duftenden Weihrauch und wertvolle Myrre. Die vier Könige, so verschieden sie auch waren, verstanden einander und hatten sich viel zu erzählen. Sie beschlossen, gemeinsam weiterzureisen, und ritten in die anbrechende Nacht hinein – immer dem fernen Leuchten des verheißungsvollen Sterns folgend.

Nachdem sie schon eine ganze Weile durch das Dunkel geritten waren, vernahm der kleine König plötzlich ein leises, kaum hörbares Wimmern abseits des Weges. „So hört doch“, forderte er seine neuen Freunde auf. „Es scheint, dass da jemand in Not geraten ist.“ Die drei vornehmen Männer ließen sich aber nicht beirren. „Es wird ein Tier sein. Komm, kümmere dich nicht darum. Wir haben ein wichtigeres Ziel. Willst du den König aller Könige, den Herrscher der Welt etwa warten lassen? Lass uns weiter dem Stern folgen, ehe es zu spät ist, die Dämmerung anbricht und wir sein Licht nicht mehr sehen können.“ Aber den kleinen König ließ dieses eigentümliche Klagen nicht mehr los.

Kurz entschlossen wendete er sein Pferd und ritt mit dem Sternenlicht im Rücken, die Stelle zu suchen, von der das Schluchzen kam. Schließlich traf er auf eine leise vor sich hin weinende Mutter mit ihrem neugeborenen Kind. Im Nachbarland war Krieg ausgebrochen, ihr Haus war niedergebrannt und ihr Mann erschlagen worden. Sie hatte fliehen müssen, um wenigstens Leib und Leben zu retten.

Was die Frau erzählte, rührte den kleinen König. Er hüllte sie und das Kind in eines der wertvollen Tücher, die er mit sich führte, schenkte ihr einen wärmenden Pelz und gab ihr von seinem Proviant zu essen. Dann setzte er sie auf sein Pferd und führte sie zurück bis zu dem Ort, an dem er die drei vornehmen Männer getroffen hatte. In der Herberge würden sie bleiben können, bis Mutter und Kind neue Kraft geschöpft hatten. Aber der kleine König wollte nicht nur für diesen Augenblick helfen. Er nestelte in seinem Gewand und brachte das Säckchen mit den kostbaren Kronjuwelen zum Vorschein. Wenn das göttliche Kind wirklich der neugeborene König der Könige, der Herrscher der Welt ist, so muss sein Reichtum unermesslich sein. Sicher wird er sich mit zwei Kronjuwelen zufrieden geben, und ganz gewiss wird er Verständnis dafür haben, dass ich dieser armen Frau geholfen habe. Gedacht, getan. Kurz entschlossen schenkte er der jungen Mutter einen der kostbaren Steine, und kaum, dass sie diesen Stein in Händen hielt, leuchtete er einen Augenblick lang auf wie die Hoffnung auf einen neuen Anfang.

Als die Frau ihm dankte, mochte er sich aber nicht mehr länger aufhalten. Es dämmerte schon, und er wollte versuchen, seine drei neuen Freunde wieder einzuholen. Im gestreckten Galopp stob er durch das anbrechende Licht des neuen Tages – ein kleiner, müder, glücklicher König. Aber es fiel ein Schatten auf sein Glück. Denn so sehr er auch suchte, er konnte keine Reiter am Horizont erkennen. Und weil er erschöpft war und das Licht des Sterns inzwischen auch verblasste, hielt er es für klüger, zunächst auszuruhen und am kommenden Abend die Suche wieder aufzunehmen.

Die Nacht begann gerade heraufzuziehen und die Welt mit ihrem schwarzen Gewand zu umfangen, da hielt der kleine König schon wieder Ausschau nach dem wundersamen Stern. Je mehr alles um ihn herum ins Dunkel versank, umso funkelnder erhob sich am mattschwarzen Horizont dessen verheißungsvolles Leuchten. Ohne Zeit zu verlieren, machte sich der kleine König sogleich auf den Weg.

Es muss etwa zur Mitte der Nacht gewesen sein, als er etwas abseits einen Feuerschein erkannte. Sicher waren es seine neuen Freunde, die auf ihn warteten und das Feuer angefacht hatten, um sich zu wärmen und damit er sie leichter fände. Aber so verhielt es sich nicht. Vielmehr traf er auf einen Mann, dessen Blick seltsam leer ins Feuer ging. Als der kleine König ihn ansprach, schien es zunächst, als habe der ihn nicht verstanden. Aber dann wandte er langsam sein Gesicht vom Feuerschein und sah den kleinen König aus den trostlosen Augen eines einsamen Menschen an. „Was ist mit dir?“, fragte ihn der kleine König. „Nichts“, antwortete der seltsame Mann, und es klang, als ob alle Enttäuschung der Welt darin lag. „Nichts ist mit mir, und nichts ist in mir. Es ist alles Nichts.“

Der kleine König staunte über diese rätselhaften Worte. Als er nachfragte, was sie bedeuten sollten, erzählte der Mann ihm seine traurige Geschichte. Einmal war ihm die Welt und das Leben wie ein großes Abenteuer vorgekommen. Seine Eltern hatten ihn von den besten Lehrern erziehen lassen und ihm ein kleines Vermögen vererbt. Das alles war Glück. Aber das große Glück seines Lebens habe er gefunden, als er seine Frau traf. Ihre Liebe hatte ihn eigentlich erst zu sich selbst gemacht. Wie war ihr Leben bunt und intensiv, und wie glühte es vor stiller Liebe und Leidenschaft füreinander. Sie erwarteten ein gemeinsames Kind. Als dann aber der Tag kam, da es geboren werden sollte, starb die junge Mutter während der Geburt und kurz darauf auch das Kind. Niemand könne die Trauer verstehen, die da in sein Herz einzog, niemand das abgrundtiefe Dunkel erahnen, das sein Lebenslicht erstickte.

Dieses Schicksal bewegte den kleinen König, und er ließ sich bei dem einsamen Mann am Feuer nieder. Sie sprachen die ganze Nacht miteinander. Und weil der kleine König ihm so aufmerksam zuhörte, ging dem einsamen Mann noch während er erzählte auf, wie er bergen konnte, was blieb von seiner großen Liebe. Er erkannte, wie er das, was ihm besonders wichtig gewesen war am Leben mit seiner Frau, nun selber leben konnte. Am Ende, als sie gemeinsam diese Nacht durchwacht hatten, und sich wieder langsam die Dämmerung zu erheben begann, meinte der einsame Mann zum ersten Mal seit Jahren doch nicht allein zu sein. Er spürte den Keim einer neuen Kraft in sich erwachen, frischen Mut, das Leben noch einmal zu wagen.

Als sie sich verabschiedeten, spürte der kleine König den Wunsch, dem Mann etwas zu schenken, damit ihm der Weg zurück in die Welt leichter würde. Er griff ein weiteres Mal in sein Gewand und brachte das Säckchen mit den Kronjuwelen zum Vorschein. Wenn das göttliche Kind wirklich der neugeborene König der Könige, der Herrscher der Welt ist, so muss seine Weisheit unermesslich sein. Sicher wird er sich mit einem Kronjuwel zufrieden geben, und ganz gewiss wird er Verständnis dafür haben, dass ich diesem einsamen Mann geholfen habe. Kurz entschlossen schenkte er dem Mann den kostbaren Stein. „Ich glaube“, sagte der kleine König, „dass immer, wenn uns ein Mensch genommen wird, der besonders wertvoll und wichtig war, etwas von ihm bei uns zurückbleibt und in uns weiterleben will. Dieser Stein soll dich daran erinnern.“ Und wie er in der Hand des Mannes lag, schien es dem kleinen König, dass der Juwel tief von innen für einen Augenblick aufglühte, so still und intensiv wie wahre Liebe in einem Herzen aufglüht.

Der kleine König ritt weiter seines Weges, immer in die Richtung, in der noch während der Nacht der Stern gestanden hatte. Aber längst war der Himmel zu licht, um einen Stern daran erkennen zu können. Auch an diesem anbrechenden Morgen war der kleine König sehr müde, aber er mochte sich keinen Schlaf gönnen. Bei Tag hoffte er auf Menschen zu treffen, denen die vornehme Reiterschar aus dem Osten aufgefallen war. Aber so sehr er auch suchte und fragte, sie waren wie vom Erdboden verschwunden.

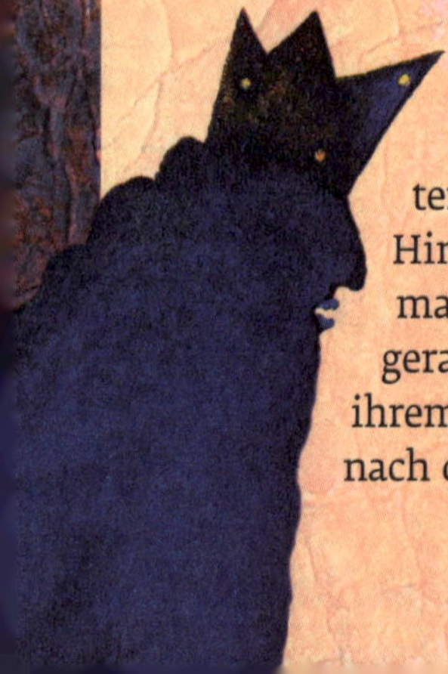

So ging es Tag um Tag, Nacht um Nacht. Bald wusste er nicht mehr genau, wie lange er nun eigentlich schon unterwegs war. Zunehmend müder zog er unter einem leeren Himmel dahin. Er begegnete kaum einer Menschenseele. Einmal nur traf er auf ein junges Paar. Die Frau hatte offenbar gerade ein Kind bekommen und ritt auf einer Eselin, die von ihrem Mann geführt wurde. Die junge Familie erkundigte sich nach dem Weg zur Grenze. Aber da der kleine König selber nicht mehr genau wusste, wo er gerade war, konnte er ihnen leider nicht weiterhelfen. Sie wünschten sich gegenseitig eine gute Reise, und jeder zog seines Weges. Der kleine König wunderte sich noch, weil um die Drei etwas war, das er sich nicht erklären konnte, aber dann verlor er sich in Grübelei.

Wie er so sorgenschwer daher ritt, kam er frühmorgens an eine Quelle, an der ein Mädchen Wasser schöpfte. „Ihr scheint einen weiten Weg zurückgelegt zu haben und sehr müde zu sein?", begrüßte ihn das Mädchen. Der kleine König erzählte ihr seine Geschichte. Auf seine Frage, ob sie vielleicht von den drei Königen aus dem Osten gehört habe, vermochte ihm aber auch das freundliche Mädchen keine Antwort zu geben. Sie schlug ihm vor, im nahegelegenen Dorf für ihn nachzufragen. Er könne sich unterdessen in ihrer Hütte ausruhen. Viel könne sie nicht anbieten. Ihre Eltern seien bei einem verheerenden Unwetter ums Leben gekommen, und sie versuche ihre Geschwister und ihre Großmutter so gut es gehe zu versorgen. Aber wo es für fünf reiche, da reiche es auch für sechs, und ein Lager zum Schlafen könne man schließlich überall aufschlagen.

Wie überrascht war der kleine König, als er zur Hütte des Mädchens gelangte. Solche Armut war ihm noch nirgends begegnet. Ihr Heim war aus losen Brettern zusammengezimmert. Unter einem Loch im undichten Dach brannte ein kleines Feuer. Die Spuren eines schweren Sturms waren nur notdürftig beseitigt worden. In aller Armut lag jedoch so etwas wie ein stiller Glanz über dem Leben in dieser Hütte. Das Mädchen kümmerte sich in seiner aufgeräumten Art auf eine so liebevolle und zugewandte Weise um ihre Geschwister und ihre Großmutter, dass dies alle Armut und Not überstrahlte.

Der kleine König blieb nur kurze Zeit. Kaum war er wieder bei Kräften, da wollte er auch seine Reise fortsetzen, um doch noch zum König aller Könige zu finden. Wie aber konnte er sich bedanken für das Glück, das er hier gefunden hatte? Ein drittes Mal kramte er in seinem Gewand

und brachte das Säckchen zum Vorschein, in dem er die kostbaren Kronjuwelen aufbewahrt hatte. Wenn das göttliche Kind wirklich der neugeborene König der Könige, der Herrscher der Welt ist, so muss seine Güte grenzenlos sein. Es wird ihm wohl genügen, wenn ich ihm einfach meine Aufwartung mache und erkläre, was auf meiner Reise geschehen ist. Ich hoffe, er wird dann Verständnis dafür haben, dass ich dieser Familie geholfen habe. Kurz entschlossen schenkte der kleine König dem Kind den letzten der kostbaren Steine. Kaum, dass er in der Hand des Mädchens lag, funkelte der Stein kurz, wie für einen Augenblick, auf – als ob er dorthin gekommen sei, wo er eigentlich hingehöre.

In dieser Nacht stand der Stern wieder hell leuchtend am Himmel, so dass der kleine König ihm frohgemut zu folgen vermochte. Und ob es nun daran lag, dass er so gut ausgeruht war oder solch unerwartetes Glück erfahren hatte, er hatte neuen Mut gefasst, und mit dem Mut kehrte das Gelingen in sein Leben zurück. Er mochte es kaum glauben, aber nur wenige Stunden, nachdem er aufgebrochen war, traf er auf die drei Könige. Unverhofft tauchten sie aus dem Dunkeln auf, errichteten noch an Ort und Stelle ein Lager und setzten sich beim Feuer zusammen, um einander zu erzählen, was sie auf ihrer Reise erlebt hatten. Der Stall, die Krippe, das unscheinbare kleine Kind armer Eltern, die Hirten. Es war alles so anders, als es die Könige erwartet hatten. Ein Kind, nur ein Kind – als König der Könige und Herrscher der Welt. Es war so normal, so gewöhnlich. Es habe aber auch ein großes Geheimnis über diesem kleinen Leben gelegen, ein Licht, wie sie noch keines gesehen hätten, und eine feierliche Stille, die klang wie eine ferne Musik.

Der kleine König erzählte darauf von seinen Erlebnissen und davon, dass er sich aufrichtig freue, sie wieder gefunden zu haben, da sie ihm doch nun den Weg zum Herrscher der Welt weisen könnten. Aber da mussten ihn die drei Könige enttäuschen. Auf ihrem Weg seien sie einem weiteren König begegnet, der das Kind töten wolle, weil er sich um sein Königreich ängstige. Während der letzten Tage sei ihnen zu Ohren gekommen, dass Herodes, so hieß dieser König, wie ein Wüterich tobe. Er habe seinen Soldaten befohlen, alle neugeborenen Kinder zu töten, um sicher zu sein, dass keines ihm dereinst seine Macht streitig mache. Eine Blutspur ziehe sich durchs Land. Überall treffe man auf verzweifelte Frauen und Familien, die entweder um ihre Kinder trauerten, die niedergemetzelt worden seien, oder aber verzweifelt versuchten, ihre Kinder vor der mordlustigen Meute zu verbergen. Selbst wenn sie ihm also den Weg nach Bethlehem wiesen, den kleinen Ort, in dem der König aller Könige zur Welt gekommen sei, würde er dort wohl niemanden mehr antreffen. Vermutlich habe sich die Familie auf die Flucht begeben wie unzählige andere Familien auch.

Noch in der Nacht trennten sie sich wieder. Wenn der kleine König schon nicht bei den Ersten war, die dem König der Könige ihre Aufwartung gemacht hatten, so wollte er wenigstens helfen, dass er leben und groß werden könne in dieser Welt, die ihn offenbar mit nichts anderem als Leid, Tod und Vernichtung zu begrüßen gedachte. Es dauerte nicht lange, bis er auf die ersten flüchtenden Familien traf. Weil er aber nicht wusste, bei welchem Paar und in welcher Familie das königliche Kind zur Welt gekommen war, half er kurz entschlossen allen. Vielleicht würde er ja so an das Ziel seiner Reise finden. Aber es waren so viele, die Schutz suchten. Es ging über die Kraft eines Menschen. Also sammelte er alle Flüchtigen und Trauernden zu einer großen Gruppe, in der ein jeder dem anderen helfen konnte. Gemeinsam führte er sie in die Wüste, um sich dort mit ihnen vor den Henkern des Herodes zu verbergen.

Eines Tages, als er schon meinte, dass die Gefahr vorüber sei, kamen sie dann doch noch. Ehe die Soldaten aber ein Blutbad anrichten konnten, fasste sich der kleine König ein Herz. Er stellte sich vor die Kinder und ihre Eltern. Woher er den Mut und die Worte nahm, er wusste es nachher nicht mehr. Aber jetzt stand er vor den Schergen des Herodes, ein kleiner König und doch so groß. „Der ist kein König, der mit dem Tod im Bunde steht und Menschen, Kinder zumal, ums Leben bringen will", rief er. „Der ist König, der hilft, dass das Leben lebt!" Befehl sei Befehl, antworteten die Hauptleute der Soldaten, die den Mut des kleinen Königs insgeheim aber tief bewunderten. Obwohl sie ihm drohten, blieb der kleine König standhaft: „Was für ein feiger Fürst, der mit Schwertern Kinder schlachten lässt, weil er Angst hat um seine Macht. Nehmt mich, aber gebt diese frei." So geschah es.

Was dann begann, waren die schlimmsten Jahre seines Lebens. In der sengenden Sonne arbeitete er sich als Gefangener den Buckel krumm. Mit den Jahren verlor der kleine König jedes Gefühl – er spürte kaum noch, wie die Zeit verging, und Schmerz und Verachtung erreichten ihn nur noch von ferne. So gingen Jahre, Jahrzehnte ins Land. Der kleine König wurde alt. Woher er bislang die Kraft genommen hatte, wusste er nicht. Aber eines Tages war es zu viel. Er brach auf dem Rückweg ins Lager zusammen. Auch die Schläge der Wachleute konnten ihn nicht mehr bewegen. Es ging nicht mehr. Weil er aber so reglos da lag, meinten die Wachen, dass er tot sei und ließen ihn einfach unter freiem Himmel zurück.

Erst in der Nacht erwachte der kleine König aus seiner Ohnmacht. Von ferne vernahm er Hufgetrappel. Die Karawane eines jungen Kaufmanns kam des Weges, der zu den Festtagen wieder zu Hause in Jerusalem sein wollte. Der junge Mann reiste auf einem edlen Pferd und ritt neben einer Sänfte her, in der eine ältere Dame saß, seine Mutter. Als man ihm berichtete, dass ein schwer verwundeter Mann am Wege lag, sprengte er mit seinem Pferd voran, um den Mann in Augenschein zu nehmen.

Vorsichtig ließ er den kleinen König in sein Haus bringen, um ihn dort gesund pflegen zu lassen.

Immer wenn es seine Zeit erlaubte, schaute er auch selber nach seinem Gast. Er freute sich aufrichtig an jedem kleinen Fortschritt, den der Kranke machte. Ab und an fanden sie auch Zeit für eine kleine Unterhaltung. Als sie wieder einmal in ein solches Gespräch vertieft waren, fragte ihn der kleine König, warum ihn dieser Fremde, der mehr und mehr sein Freund wurde, bei sich aufgenommen habe und so selbstverständlich mit allem versorge, was er brauche. Da erzählte ihm der junge Kaufmann die Geschichte seiner Familie. Seiner Mutter war vor nunmehr dreiunddreißig Jahren – er war gerade zur Welt gekommen – in allergrößter Not Hilfe von einem ebenfalls fremden, vornehmen Mann zuteil geworden. Klein sei er gewesen und – seine Mutter vermute – von königlicher Herkunft, denn er war auf eine Weise großzügig, wie das wohl nur Könige vermögen. Ein überaus wertvoller Juwel, den er ihr geschenkt habe, sei die Grundlage ihres heutigen Wohlstands. Seither, so schloss der junge Kaufmann seinen Bericht, habe sie jedem Menschen zu helfen versucht, der in Not geraten war. Auch er halte es so.

Die Genesung des kleinen Königs machte gute Fortschritte. Bald schon konnte er beginnen, erste Spaziergänge durch die Stadt zu unternehmen. Da wurde er eines Tages auf eine große Menschenmenge aufmerksam, die zum Stadttor hinausdrängte. Er wusste nicht recht warum, aber er folgte diesen Menschen. Vor den Toren der Stadt angekommen, bot sich ihm ein schreckliches Schauspiel. Auf einem Henkershügel waren drei geschundene Männer an Kreuze geschlagen worden. Sie kämpften mit dem Tod, und es war beklemmend zu sehen, wie sie nach Luft rangen. Das Schicksal dieser Männer stieß ihn ab – und zog ihn an. Er ging vorsichtig den blutgetränkten Hügel hinauf. Da plötzlich schrie der in der Mitte und röchelte etwas von Gott und Verlassenheit. Wie der kleine König aufsah, streifte er kurz den Blick des gemarterten Mannes. Der sprach noch etwas, kaum richtig zu verstehen: Es sei vollbracht.

Dann starb er. Da legte sich von einem Augenblick zum anderen eine Sonnenfinsternis übers Land, dass man seine Hände nicht mehr vor Augen sehen konnte. Wie angewurzelt stand der kleine König da und schaute zum Kreuz empor. Bildete er sich das nur ein oder war da wieder der Stern, der einmal am Anfang seiner Lebensreise gestanden hatte? Aber dieser Stern glänzte nicht golden am Himmel, er war blutrot. Vielleicht waren seine Augen von der Anstrengung und dem Schrecken so blutunterlaufen, dass er ihm nur rot erschien. Vielleicht war auch alles nur Einbildung, wer wusste das schon.

Nur eines war gewiss: Er war am Ziel seiner Reise angekommen und hatte nichts als sein Leben zu bringen – so wenig und so viel. Verstört trat der kleine König noch einen weiteren letzten Schritt ans Kreuz heran und berührte vorsichtig den toten Körper.

Was aus dem kleinen König geworden ist? Es gibt Geschichten, die davon berichten, dass er, nachdem er den König aller Könige am Kreuz sterben sah, selber gestorben sei. Aber auch wenn sich seine Spur unter dem Kreuz verliert – ich glaube, er lebt. Er lebt, weil die Liebe stärker ist als der Tod. Der kleine König lebt, weil er noch immer unterwegs ist durch unsere Welt, um uns zu lehren, wie man das Leben liebt, das Leid lindert und die Liebe lebt. Vielleicht seid ihr ihm schon begegnet und habt es gar nicht gemerkt. Seit jenen fernen Tagen jedenfalls ist etwas Neues in der Welt.

Ulrich Peters, geboren 1959, Dipl. Theologe, verheiratet, Vater zweier Söhne, Vorstand und Verleger, Veröffentlichungen zu Fest und Feier, Brauchtum; Weisheitsgeschichten.

Zur Künstlerin:
Umschlagbild und die Bilder im Inhalt sind von **Barbara Trapp**. Sie ist 1950 in Leipzig geboren. Nach einem Studium an der Hochschule für Kunst und Design „Burg Giebichenstein" in Halle/Saale war sie wissenschaftliche Mitarbeiterin im Modeinstitut der DDR in Berlin (Bereich Modeforschung). Später war sie zunächst Lehrbeauftragte, anschließend wissenschaftlich-künstlerische Mitarbeiterin an der Hochschule der Künste Berlin (Fachbereich Design). Seit 1987 ist sie freiberuflich tätig. Sie wohnt und arbeitet in Bad Krozingen.
Weitere Informationen unter www.bt-kunst.de

ISBN 978-3-86917-509-6

Im Alten Rathaus/Hauptstraße 37
D-79427 Eschbach/Markgräflerland

www.verlag-am-eschbach.de

Gestaltung, Satz und Repro: Angelika Kraut, Verlag am Eschbach
Schriftvorlagen: Ulli Wunsch, Wehr
Herstellung: Neue Süddeutsche Verlagsdruckerei, Ulm